Collection
« Petite philosophie du voyage »

Christophe Apprill

LES AUDACES DU TANGO

Petites variations sur la danse et la sensualité

Transboréal

Né en 1963, Christophe Apprill pratique et enseigne le tango depuis l'âge de 30 ans. En 1994, il cofonde l'association Tango de soie puis, en 1998, intègre comme danseur la compagnie Quat'zarts fondée par Catherine Berbessou et participe à deux de ses créations. De 2006 à 2011, il contribue au festival la Rue du tango à Marseille.

Parallèlement, Christophe Apprill a développé un regard analytique sur les danses de couple dans la thèse de sociologie qu'il soutient en 2003 à l'EHESS. Ses recherches portent sur la danse comme pratique culturelle, sa circulation entre l'Europe, l'Afrique et les Antilles, ses fonctions sociales et les codes identitaires qui s'en dégagent. Membre du Centre Norbert Elias et du groupe de recherche Musmond, il est régulièrement l'invité de colloques qui portent sur les aspects anthropologique, sociologique ou historique du tango.

Christophe Apprill est notamment l'auteur de : *Tango, Le couple, le bal et la scène* (Autrement, 2008) ; *Sociologie des danses de couple, Une pratique entre résurgence et folklorisation* (L'Harmattan, 2005) ; *Le Tango argentin en France* (Anthropos, 1998).

Sera-t-elle une femme ou un jonc pour trouver le pas de côté ?
Et pour mouvoir ses pieds aura-t-elle le ressort et le bond ?
C'est vrai que ma jolie, « ma moitié »,
Elle danse, féroce, et me rend fou.
Je me demande parfois si elle n'est pas l'ombre
qui me poursuit toujours ou alors quelqu'un sans volonté.
Mais elle est née comme ça, pour danser le tango.
Et comme moi elle raffole, elle raffole de danser.

Marvil et Elías Randal,
Así se baila el tango !, 1942.

À Jeanne Apprill.

LES ACCORDS ÉTOUFFÉS, lointains mais distincts, d'un tango qui semble sortir de l'entrebâillement des portes, se faufilent sur le trottoir. Fin comme le sable du désert, le souffle mêlé des violons et du bandonéon me parvient, et je presse le pas, pris par l'excitation du bal et de la danse, avide de rejoindre l'arène de la piste, pour éprouver cette fusion charnelle. J'ai les mains déjà moites, le corps tout chaud, les pensées qui, sans plus rien savoir de la pensée, se promènent au gré de mon abandon dans ces contrées où tout le monde tourne en rond.

Être deux pour danser. Dans la tradition, un homme et une femme. Mais de quelle tradition s'agit-il et comment s'y retrouver ? Comme tous les prétendants aux jouissances du bal, je suis seul avec mon envie d'inviter. Ce n'est pas facile à supporter, mais en même temps, si je la supporte, c'est qu'elle résulte d'une tension. Seul, et aller danser. Arriver. Et regarder. Repérer et attendre. Attendre le bon moment. Attendre l'instant, se représenter la danse qui suivra. Attendre, mais la proie n'est pas l'autre, c'est moi. Moi qui me désigne aux yeux de tous comme attendant l'autre qui acceptera de danser. Se lever, y aller, s'engouffrer, faire de ce désir la projection d'une réalité, et aller avec les autres là-bas qui tournent dans le bal. Certains ferment les yeux. Tous bougent dans le même sens, avec presque la même intensité rythmique.

Avant même d'entrer en contact, j'aime sentir sa taille. Nos mains se cherchent, moi la gauche, elle la droite. Elles vont se tenir pendant la danse et cette tenue parle d'une région du corps volubile, discrète ou silencieuse. Mon bras droit s'arrondit en creux pour épouser son dos. Plus que son dos, ce sont des parties du corps mal connues qui affleurent : le bas de l'aisselle que ma main frôle, le milieu du dos sous les omoplates, le flanc (la connotation animalière du terme évoque au mieux cette partie du corps si propre à verser dans le vivant). Tiens, si je me laisse aller, ma main atteint le creux des reins, la naissance des fesses, la contenance du bassin. Par ce premier contact, avant même le premier mouvement, j'entre dans la danse. Il me dit si cette intimité aime l'immobilité, ou si elle piaffe de bouger. Une onde d'énergie est-elle déjà là, prête à faire que le corps s'élance ? Ou au contraire, tout n'est qu'attente et disponibilité qui flirtent avec l'abandon.

Partis dans les premiers pas, les papilles grandes ouvertes. Une fois propulsé dans un registre où la mobilité de l'autre se donne à sentir en continu, il est difficile de hiérarchiser les sensations. Cela relève de l'immersion la plus complète, comme si s'ouvraient les vannes d'un barrage et que l'eau jaillissait en trombe. Des trombes qui narrent le poids du corps et la mobilité des hanches, des genoux, des chevilles et des épaules.

On marche et ces quelques pas me donnent une image condensée de son identité, une identité forcément multiple, composée d'une partie lisible dans son corps, relativement enracinée, et d'une autre partie liée à son état présent, à son désir d'être là, dans ce bal, dans mes bras et dans ceux des hommes qui m'ont précédé et vont me succéder.

Ce qui est enraciné, chevillé au corps, est donné presque malgré soi. Inutile de chercher ces couleurs dans les gestes et les postures usuelles de la vie quotidienne. Excepté sans doute la marche qui en donne une petite idée, la convention sociale des corps en gomme tous les aspects. Dans la rue, tel mollet qui claque comme une voile au vent nous dit que la masse musculaire est fortement sollicitée. Mais là, dans ces quelques pas de tango, c'est toute la mobilité interne qui s'exprime, celle de la colonne, des épaules, du bas du dos, du haut des jambes. Une façon de se laisser aller dans son poids, de laisser couler le corps d'une jambe à l'autre et de recueillir cette douce vibration dans les épaules, jusqu'au bras droit, au coude et à la main, qui se lâchent et répondent à leur façon à cette marche qui vient de s'élancer.

Cette danseuse se balance fort, ça joue énormément du pubis au nombril, et la grande souplesse de ses jambes se diffuse jusqu'aux bras, légers et ténus, dans une tendresse suspendue. À travers une fioriture que je ne vois pas, elle me donne à sentir ces souplesses articulées et la façon dont elle y laisse l'énergie circuler. Cette sensation la traverse pour m'arriver en empruntant les trois points de contact qui nous permettent de rester connectés. Trois points qui relèvent d'une codification propre au système des danses de couple, que Marcel Mauss a joliment qualifiées de « danses enlacées ».

Cette relation au poids qui verse dans le corps – comme jadis les calèches versaient dans le fossé – est source d'une grande jouissance : j'entre dans l'intimité très secrète de l'autre, et elle me parle de ce qui ne se dit nulle part ailleurs. Même dans l'amour. Dans cette marche, presque tout le corps s'est placé en état de détente pour recevoir deux sollicitations extérieures qui prennent le pas sur les autres : le corps du partenaire et la musique. C'est un tout autre versant que celui du corps amoureux, mais qui en constitue comme le prolongement et non l'avant-scène, car ce qui est donné ici relève d'une organisation spécifique au corps-à-corps où la notion de prélude semble bien trop réductrice. Cette langue très particulière est colorée par le désir de l'autre et par le mien. Comme les vagues qui s'entrechoquent en flux et reflux, sa lecture et sa nature sont protéiformes. L'envie d'être là, la disponibilité, l'écoute, le désir de ces bras, le goût de cet orchestre... tournoient et s'inscrivent en volutes épaisses dans l'assise du corps. Ce n'est pas tant l'émoi sexuel que je cherche que le partage et la circulation d'un désir commun d'être ensemble, de savourer cette relation – tantôt alanguie, tantôt tonique – qui monte entre elle et moi. Une fois le climat de confiance installé, les propositions fusent et circulent de l'un à l'autre. Un bouillonnement parfois s'instaure, reléguant à l'arrière-plan les données usuelles de la rationalité, l'estimation tangible de la réalité, l'appréciation raisonnée de la situation. Comme dans une conversation, les arguments s'affinent, mais il n'est pas moins ici question de produire du sens que de se laisser aller à jouer du corps de l'autre. Dans ce dialogue léger et imprévisible, l'émoi sexuel apparaît davantage comme une pesanteur univoque qui obscurcit les possibilités d'échange. Le chemin importe plus que le but. Si le premier tango nous permet d'entrer dans un état de danse, on sait que nous aurons envie d'en danser plus que trois, le quota de la politesse convenue d'une *tanda*. Cet échange ne demande qu'à proliférer et à résonner dans la membrane caverneuse des recoins du corps qu'il est rarement donné d'entendre.

Une cohérence minimale avec la posture des partenaires, où les hommes se doivent de « prendre une femme dans leur bras », conduit à accorder une place de choix à la poitrine, au buste, au torse. D'autant que la petite mythologie du tango n'est pas en reste pour nous souffler de quoi nous devons jouir. L'enlacement représente un sésame magique vers la jouissance sensuelle et licite que le tango autorise le temps de quelques danses. Mais ce terme paraît trop savant aux yeux des danseurs de tango. Dans leurs propos, les mots français sont souvent remplacés par des expressions argentines, histoire de rappeler que vous évoluez sur les vastes territoires d'une expression « authentique » provenant des rivages du Rio de la Plata, et non sur les terres étriquées des sociabilités du musette.

Me voici de retour à Buenos Aires. Depuis 1992, c'est mon cinquième séjour en Argentine. Vrai que je n'ai plus la flamme du débutant, ni même l'enthousiasme des premiers voyages, fort de cette excitation ressentie lors de la fréquentation des *milongas*, avec tous ces minuscules plaisirs collatéraux : déguster une viande grillée en pleine nuit et des *medias lunas* au petit matin. Fièvre et aveuglement qui rendent insensibles aux mille aspects de la ville qui ne ressortissent pas des circuits fermés du tango : *milongas* bien sûr, mais aussi cours, stages et leçons particulières, boutiques de chaussures, de pantalons et de jupes, de disques... À quoi s'ajoutent ici et là les quelques visites touristiques que réalisent, presque par devoir, les *tangueros* de passage.

Entre-temps, de simple amateur, je me suis improvisé professeur, puis je suis devenu l'un des promoteurs du tango dit « argentin » en France. Mais également danseur dans la compagnie de Catherine Berbessou, et enfin chercheur en danse. Je comprends que l'idée qu'on puisse se rendre à Buenos Aires pour faire une recherche sur le tango fasse sourire. Ceux qui sont extérieurs à la communauté des pratiquants trouvent cette motivation originale, voire plaisante. Mais les danseurs de tango ne voient pas très bien sur quoi peut porter une recherche. Leur intérêt se porte le plus souvent sur l'histoire du tango, traduisons, sur ses origines. Prétendre réaliser une sociologie ou une anthropologie du tango les laisse rêveurs, sinon carrément sceptiques. Certains se doutent bien que l'anthropologue – posture et titre un peu pompeux qui, pour un grand nombre, évoquent un colon au chapeau beige inspectant un village indigène dans un pays du Sud – relève de la catégorie de celui qui inspecte, examine, tourne et retourne dans tous les sens. Bref, le genre de bonhomme qui ne sécrète pas du rêve et de l'émerveillement, mais des analyses, des paragraphes et des tableaux, dont la vertu majeure consiste à désenchanter le monde.

De 1992 à 2012, la qualité de la vie s'est détériorée à Buenos Aires. Les dix dernières années de croissance économique, dont la multiplication des deux-roues constitue un signe, n'ont profité qu'à une minorité. Les bidonvilles ont poussé, la misère s'est répandue, la survie est devenue une nécessité pour une majorité de Porteños. Parcourant les rues des quartiers centraux avec des charrettes à bras, collectant tout ce qui se recycle ou se revend, triant, vidant, remplissant leurs sacs, les *cartoneros* sont la trace la plus visible de ce changement. De vieilles camionnettes Ford des années 1960 circulent toujours, soigneusement entretenues, tandis que les classes supérieures affichent fièrement leurs véhicules dernier cri, correspondant aux standards européens. Le plus grand nombre se déplace en *collectivos* et en taxis qui pullulent dans la ville, signe que la demande est forte et que le taux d'équipement en voiture personnelle est faible. Les classes moyennes déclassées se repèrent à l'usage de voitures d'une autre époque, considérées en France comme véhicules de collection par les revues spécialisées. Les pare-chocs tiennent avec du fil de fer, les phares brillent de façon dissymétrique, les revêtements des sièges paraissent avoir affronté une horde de chiens enragés, les vitesses craquent : l'ensemble couine et se déplace de guingois.

À la Recoleta, quartier chic dont certaines rues font penser au XVIe arrondissement de Paris, les trottoirs sont propres et dégagés, les vitrines luxueuses et les commerces de bouche raffinés ; les parcs ombragés sont des havres de paix propices à une tranquille nonchalance. Quelque chose cloche pourtant. Je croise plusieurs troupeaux de chiens, tous organisés par taille, tenus en laisse par un maître unique, marchant d'un pas décidé, et plutôt vêtu de façon très décontractée pour le quartier. À l'entrée des immeubles, des hommes en blouse sont affairés à lustrer les cuivres des poignées de porte et des sonnettes. Dans chaque *cuadra*, une parcelle est occupée par un immense parking. Du plus rudimentaire, avec tout de même un vélum pour protéger les véhicules de la chaleur et des fientes d'oiseau, au plus sophistiqué avec ascenseur et plate-forme hydraulique pivotante, ils sont tous dotés d'au moins un gardien en blouse qui surveille les mécaniques assoupies. Devant ce café réputé, un cireur de chaussures. De discrètes patrouilles de policiers se font remarquer par la taille dérisoire de leurs voiturettes électriques. Les riches de la Recoleta sont bien gardés, mais ne croyez pas que le danseur qui s'est rendu ici pour se nourrir de bals, d'authenticité et d'exotisme soit sensible aux contrastes sociaux qui parcourent les avenues, et imprègnent l'air de la ville, dictant au microcosme du tango ses lois, ses règles et ses contraintes.

À Palermo, dans la rue Armenia où se trouve la célèbre *milonga* la Viruta, les boutiques de luxe se sont multipliées, hébergées dans des bâtisses de la fin du XIXe siècle entièrement rénovées. Le soin apporté à la décoration de ces temples de la consommation détermine une ambiance proche de celle des musées. Tenues et coiffures soignées, corps minces et élancés, les promeneurs sont habillés selon les standards occidentaux. À quelques *cuadras*, l'ambiance urbaine change du tout au tout : maisons délabrées, ruines squattées, épaves de voiture et pièces mécaniques jonchant la chaussée. Spontanément, un danseur renommé me confie qu'à San Telmo, la nuit, les danseurs ne se rendent plus à pied aussi facilement d'une *milonga* à l'autre. Le touriste tango ne s'arrête pas à ces détails, seuls lui importent le plan et le calendrier des *milongas* et des cours. De la dégradation du climat social, il ne perçoit que le reflet dans les revêtements tavelés des carrosseries et des immeubles. Il se rend à Buenos Aires d'abord pour danser. Transportant avec lui quelques objets indispensables à son séjour, l'immatérialité de son addiction ne le suit pas : source de son voyage, elle l'habite. Le touriste tango attend des nuits portègnes qu'elles entretiennent et renforcent sa fièvre du bal.

Lors de mon premier voyage en Argentine en 1992, le tango ne constituait pas mon intérêt majeur. Néanmoins, mon immersion récente et volontaire dans cet univers avait commencé à orienter le choix de mes destinations de vacances. Comme beaucoup d'autres, c'est au théâtre du Châtelet en 1983 que j'ai rencontré une autre face du tango, différente de l'image surannée que nous étions alors nombreux à partager, celle d'une danse désuète, pratiquée par des personnes âgées aux sons d'une musique vieillotte, dans la lumière triste d'une fin d'après-midi. Au contraire, ce spectacle chantait, jouait et dansait une autre mélodie, celle de la ville au « bon air », au souffle du bandonéon, nimbé de pas de danse acérés, réalisés avec moult syncopes, par des interprètes costumés, mis sur leur trente et un, comme le sont les gars des quartiers populaires. *Tango argentino* était programmé par le Festival d'automne au côté des chorégraphies de Trisha Brown, Karole Armitage et Lucinda Childs. Contrairement à ces grandes figures qui incarnaient l'esthétique tourmentée de la danse postmoderne, nourrissant des exégèses et des débats entre spécialistes de l'art contemporain, la renommée de ce spectacle ne résidait pas dans la figure du metteur en scène, ni dans la promesse d'un bouleversement des codes de la création. De façon beaucoup plus ordinaire, son titre annonçait simplement la couleur : une danse, un pays d'origine. Et cette danse faisait écho à notre propre culture des danses de couple, enracinée dans les villes et les campagnes, jusque dans sa déconstruction par les déhanchements du jerk et la folle liberté dont il s'était fait le symbole. Bien avant la formalisation de la catégorie des musiques du monde, *Tango argentino* venait du bout du monde nous raconter un pan de notre propre histoire, tout en déployant une part d'inconnu, celle qui s'était déroulée loin de nos bocages et de nos alpages, de l'autre côté de l'Atlantique. Des histoires de conquête, de pérégrination, d'aller-retour, d'exil et de solitude, mais aussi, la rencontre avec les Indiens incarnant le Grand Autre et l'élaboration progressive d'une identité créole jalouse de ses ancrages rioplatense, mais ouverte aux influences du Vieux Continent.

Ce soir de l'automne 1983, sur la scène du Châtelet, tous les éléments du stéréotype sont réunis : lampadaire, chapeau noir, foulard blanc, robe fendue et air ténébreux. On ne sait pas au juste si c'est ce spectacle qui ultérieurement a inspiré la prolifération d'images d'Épinal du tango, ou bien si celles-ci préexistaient comme une étendue d'eau dormante, dans laquelle le metteur en scène Claudio Segovia aurait puisé. En conformité avec son imaginaire, le résultat fut fatal. Ce spectacle fut un éclair, insinuant une envie de s'approprier cette gestuelle d'apparence magique où les jambes tricotent, où les corps se meuvent dans des diagonales vertigineuses, hésitant entre l'arrêt, la séparation ou la fusion d'une course allègre. Quelque chose faisait corps, pas seulement dans un coin du plateau, mais en connexion avec un partenaire. À l'exception des chanteurs, Roberto Goyaneche notamment, qui brandissait magnifiquement sa solitude avec sa voix bourbon, pas de corps esseulé, pas d'énergie repliée sur soi, pas d'esprit de soliste. Pas davantage de fantasme autour de l'harmonie du couple, sous-entendant que tout glisse et roule dans la meilleure des coexistences entre les sexes. Non, un accord simple des corps et des envies pour s'élancer et parcourir un bout de chemin, accompagné par ces musiques étranges, aussi insaisissables que les volutes ambrées d'un cigare cubain. En présentant la diversité du répertoire musical, ce spectacle rappelait qu'il y avait de la valse et de la *milonga* dans le tango. Sa force et sa nouveauté provenaient également du déplacement du tango des salles tristes des thés dansants au plateau de l'un des plus prestigieux théâtres parisiens, situé au cœur de la ville et ayant accueilli les Ballets russes au début du XXe siècle. Les chapeaux noirs et les costumes croisés, l'âge même de certains interprètes comme Elvira et Virulazo, sonnaient différemment dans ce cadre. La sacralisation du lieu a joué pleinement son rôle dans la résurgence du tango dansé.

J'avais 20 ans et, ce soir-là, au théâtre du Châtelet, le tango est entré dans ma vie. D'une manière générale, la danse était en train d'y acquérir une dimension importante. Je revenais d'une traversée du Sahara en 404 Peugeot réalisée avec mon frère. Dès le retour, mon amoureuse déclarait que c'en était fini. Cette séparation de jeunesse rouvrait la plaie laissée par la mort de mon père survenue lorsque j'avais 9 ans. Pour me sortir de la tristesse, pour entrer dans l'âge adulte, je me suis tourné vers une discipline que j'ignorais, tenaillé par un désir inextinguible. Plus que les études, danser devint une façon de tenir debout ; l'instillation du mouvement dans la mélancolie. Dans ces conditions, l'apprentissage de la danse a représenté une démarche de survie. Jusqu'à ce jour, elle m'a permis de renouveler par mon corps, et celui des autres, le sentiment de mon existence et d'éprouver, banalement, l'étendue de mes solitudes.

Personne à cette époque n'aurait osé parler d'art à propos du tango, ni d'artistes à propos des danseurs. « Grâce au Festival d'automne, le cœur de Paris bat au rythme du tango, les plus grandes vedettes argentines sont en effet réunies au Théâtre musical de Paris pour nous initier à un rythme, à un rituel, à un mystère qui vont bien plus loin qu'une danse chaloupée sur un parquet ciré », annonce la présentatrice de France 2, accréditant l'idée selon laquelle le tango est une expression plurielle que l'on ne saurait réduire à la danse. Qu'il se manifeste par la musique, la poésie et le chant ne fait aucun doute, mais cette conception du tango organise implicitement une hiérarchisation entre chacune de ces expressions. Appartenant à la catégorie des danses sociales et ne bénéficiant pas du prestige des danses de scène, la danse tango jouit d'un statut ambivalent. Contrairement à la musique, elle ne peut intégrer pleinement le monde des pratiques artistiques. En revanche, son statut symbolique déprécié est compensé par sa valorisation spontanée dès lors qu'il s'agit de communiquer sur le genre tango : de la musique, de la poésie et de la chanson, c'est elle qui, le plus intensément, sollicite les imaginaires. Accompagnée par la musique – qualifiée de *musique à danser* –, la danse donne directement à voir une représentation très orientée du genre tango : un couple enlacé, le plus souvent composé d'une femme et d'un homme. Le plus grand nombre est sensible à sa charge sémiotique : sensualité, érotisme, passion, relation fatale… Cet imaginaire a été démultiplié par l'audience du film de Bertolucci *Le Dernier Tango à Paris.* Si l'on soustrayait la danse du genre tango, son aura ne serait sans doute pas imprégnée par ces représentations stéréotypées associant sensualité et érotisme.

Étrange danse de bal qui emprunte les espaces enchantés de la scène pour prendre un second souffle. Après ses débuts dans les boudoirs des lupanars et sur le pavé des rues des quartiers populaires de Buenos Aires et Montevideo, le tango gagne les salons *comme il faut*, grâce à l'engouement qu'il avait suscité auprès des bourgeoisies européennes au début du XXe siècle. Il s'affirme progressivement comme une danse de bal aussi bien sur les rives du Rio de la Plata qu'en Europe. Comme l'a joliment écrit Borges, de « diablerie orgiaque, il est devenu une façon de marcher ». Cette façon de s'enlacer sur la piste perdure tout au long du siècle, au milieu d'autres danses telles que le boléro, le fox-trot et la valse. La danse tango poursuit ses allers-retours entre le Rio de la Plata et la vieille Europe jusqu'à nos jours. Mais elle se propage aussi un peu partout ailleurs. De la Russie au Japon, chaque aire culturelle l'adapte à ses propres conventions sociales, générant des codifications locales qui interdisent la constitution d'une communauté de pratiquants.

En France, à partir de la fin des années 1960, le régime du bal connaît une profonde mutation. L'irruption des musiques anglo-saxonnes et les valeurs qui leur sont associées, ainsi que les nouvelles possibilités ouvertes par l'électrification de la musique, fragilisent le répertoire des danses. Symbolisant des manières conventionnelles de se rencontrer, les danses de couple sont touchées de plein fouet ; synonymes du passé, elles deviennent ringardes. Le tango n'échappe pas à cette dévalorisation, y compris dans la société argentine des années 1960, où il se trouve associé dans les représentations aux régimes dictatoriaux qui se succèdent jusqu'en 1982.

Au début des années 1980, bénéficiant d'un soutien renforcé des pouvoirs publics, les danses de scène connaissent en France un profond renouvellement qui s'étend également aux pratiques amateurs. Durant la même période, profitant des cycles faisant alterner dépréciation et revalorisation, l'idée du bal « populaire », démocratique, ouvert à tous, connaît un regain d'intérêt. La programmation de *Tango argentino* dans un festival parisien, connu pour la qualité de ses choix, confère un surcroît de légitimité à cette expression dite populaire qui, de fait, n'est pas catégorisée parmi les disciplines artistiques. Vue de l'Argentine, cette tournée célèbre la fin de la dictature et une réappropriation du genre par des artistes nationaux qui portent cette bannière culturelle à l'étranger, sans être soumis à l'injonction de quitter leur pays. Outrepassant le succès d'estime, la réception de ce spectacle génère un mouvement de fond qui se traduit par le développement d'un réseau associatif, organisé autour de la promotion du « tango argentin ». Cours, stages et bals en sont les activités principales, auxquelles viendront s'ajouter plus tard des expositions de peinture et de photographie, la programmation de concerts, de films et de conférences. Toutes ces activités sont structurées autour de la valorisation des possibilités d'improvisation autorisées par le tango.

En quelques années, d'expression nomade, le tango devient une invitation au voyage pour la communauté qui se constitue progressivement autour de la pratique de la danse, fondée sur une grammaire commune, reposant sur un ensemble de codes qui rendent possible l'association de partenaires n'importe où, quelle que soit la culture d'accueil. Mais pour nous, étrangers à la culture rioplatense, s'approprier cette danse nécessite de faire sien un vocabulaire comprenant un ensemble de pas et de figures, dont les combinaisons sont infinies.

Pourtant, il n'existe que trois pas en tango. On distingue bien sûr les pas avant et les pas arrière qui permettent aux journalistes de rapatrier le tango dans le domaine de la vie sérieuse des idées politiques pour y exprimer l'hésitation, ou la stagnation (« un pas en avant, deux pas en arrière »). À ceux-ci s'ajoutent tous les pas précédés d'un pivot, qui forment des « huit avant » et des « huit arrière ». Si le tango s'organise finalement autour d'une simple marche en face à face, certains danseurs aiment préciser qu'« il faut dix ans pour apprendre à marcher ». Dans cette marche se loge en effet une partie de l'accordage des tonicités nécessaire pour réaliser les figures les plus complexes. Afin d'avoir accès aux multiples façons de marcher (emboîtée / déboîtée, marche simple / marche croisée), un pas de base codifié s'est imposé : la *salida* permet de « s'échapper » en ouvrant dans la marche des brèches où vont se développer des figures : *giro* (tour), *mordida*, *cuñita*, *barrida*, *saccada*, *voleo*, *gancho*, *colgada*, *volcada*… La liste n'est pas si longue ; en revanche, leur agencement avec une manière d'entrer et de sortir ouvre un grand nombre de possibilités qui ne s'épanouissent dans l'improvisation qu'à condition que les partenaires aient établi une connexion équilibrée entre leurs tonicités. Enfin, la richesse des combinaisons est démultipliée par une donnée simple : tous les pas et figures peuvent être réalisés en avant, en arrière, à droite et à gauche. Même s'il est nécessaire de disposer d'un minimum de vocabulaire, « bien danser » ne consiste pas à placer le maximum de figures dans un tango. Le principe de la retenue joue ici aussi.

Si, globalement, la technique de la danse est similaire chez l'homme et la femme, la maîtrise du vocabulaire ne participe pas des mêmes exigences. La femme est sensiblement plus à l'écoute tandis que l'homme est davantage sollicité pour initier des prises de direction et d'espace. Il faut donc se saisir de son rôle, distribué la plupart du temps selon une logique sexuée. Responsable de la persistance du machisme ambiant dans le tango, cette fixité des rôles est contredite par l'expérience : si celui qui guide initie les mouvements en mobilisant une énergie, celle-ci est nécessairement redistribuée par le « guidé ». C'est dans ce va-et-vient dialogique où la proposition et l'écoute alternent qu'un accordage – seul garant d'une qualité de danse – devient possible.

Il convient aussi de se familiariser avec la dissymétrie d'une posture fondée sur le face-à-face et l'enlacement. Toute l'ambivalence du face-à-face surgit dans les premiers temps de l'apprentissage : il est tellement inhabituel de se retrouver si proche, voire collé à la poitrine de l'autre, sans avoir eu à dire le moindre mot. En revanche, pour nous Occidentaux, la manière de « se prendre » est familière : bras gauche de l'homme et droit de la femme dégagés, les deux autres se plaçant sur des parties du dos. Nous y retrouvons le principe de l'enlacement propre aux danses de couple comme la valse.

Pour l'amateur, le bal est le terrain par excellence du « plaisir de danser », expression générique qui fait l'unanimité, et où la palette des émotions prescrites apparaît extrêmement homogène. Cet euphémisme nuance à la fois l'addiction forte qui s'empare d'un grand nombre de pratiquants, tout comme l'une des finalités avérées de la scène sociale du bal, qui fut, jusqu'au milieu des années 1970, une « institution marieuse » (selon la belle expression des sociologues Bozon et Héran). Si, depuis, le bal a été détrôné par le monde du travail, il n'en demeure pas moins que cette scène sociale est qualifiée par l'omniprésence d'une présomption d'orientation sexuelle, ce qui est loin d'être le cas dans d'autres disciplines de danse.

Le plaisir de danser n'est jamais un plaisir solitaire. Au bal, vous êtes projeté sur la scène, mais vous n'êtes pas seul. D'autres sont là, font comme vous et sont, peu ou prou, motivés par les mêmes mobiles que vous. Mais, pas question de se mettre à danser comme bon vous semble, en partant par exemple dans une improvisation qui vous conduirait à rester totalement immobile pendant huit minutes, ou à vous rouler par terre avec volupté. Non, ce n'est vraiment pas possible. Il faut tourner avec tous les autres dans le même sens, le fameux « sens du bal », observer les priorités de base qui permettent à la circulation des couples de se réaliser sans trop de heurts, et parfois même avec une certaine harmonie. Et puis surtout, il y a l'autre, ce partenaire, avec qui vous vous êtes engagé dans un round circulaire et dansant, qui procède d'un partenariat effectif.

« Le dialogue de l'âme », « communiquer avec le cœur », disent les passionnés. Sans doute est-ce là une façon d'exprimer l'indicible, comme les danseurs se plaisent à dire pour décrire la relation qu'ils entretiennent à la danse. Ainsi est fait le postulat d'une frontière infranchissable entre l'expérience de la danse et le langage, clivage qui serait accentué par la spécificité non verbale de ces moments. De l'expérience de la danse au langage, il y a pourtant toute une série de médiations, une chaîne, un réseau touffu et entrelacé de transformations comparables à celle qui sépare la forêt brésilienne de Boa Vista (arpentée par Bruno Latour) de ses représentations savantes. En fin de compte, il y aurait davantage de points communs que de différences entre cette forêt et un moment de danse. Dépourvus tous les deux de parole, mais néanmoins vivants et en mouvement, ils nécessitent le croisement de plusieurs disciplines pour prétendre en circonscrire les dimensions agissantes. S'agit-il pour autant de « communication non verbale » ? En fait, on ne sait pas très bien ce qui circule. Une rationalisation des échanges aurait vraisemblablement d'étranges résultats, tant la dissymétrie imprègne ces partenariats autant en termes d'attentes et de sensations que d'expériences émotionnelles. Dans ces moments de vie intense non verbaux, le corps est pris dans une spirale où ses déplacements, sa mise en jeu tonique et énergétique conditionnent en grande partie ce qui est échangé. Rien de bien indicible, hormis le fait que tout cela circule en dehors du *logos*, et que ce dernier est radicalement hors jeu dans ces moments privilégiés. Signe que les danseurs idéalisent et fantasment leurs pratiques, cet *indicible* suscite des palabres en bord de piste et bien au-delà, où il est question de tous les malentendus qui qualifient ces moments d'intensité. Comment interpréter tel geste, telle étreinte, tel sourire, et bien sûr cette parole de circonstance qui survient comme un îlot couvert de sources saumâtres après une longue navigation sans boisson fraîche. Les discussions se déroulent dans une ambiance de vestiaires, les femmes d'un côté et les hommes de l'autre, tant les sources de questionnement et les registres émotionnels divergent. Elles se prolongent naturellement dans les toilettes, surtout pour les femmes qui réajustent leur maquillage, leur chevelure et leur tenue, échangeant ce faisant quelques propos badins sur leurs partenaires. Les propos analytiques désenchantés sont alors hors jeu ; comme une armure, il s'agit davantage de restaurer l'aura dont chacun s'apprête, destinée à favoriser l'accordage avec l'autre sexe.

Des bals de société du XIXe siècle (donnés par différentes corporations) à la société du bal où se pratiquent des danses sociales provient l'idée que ce plaisir serait la résultante exclusive d'une socialisation. Il est vrai que le pratiquant y trouve une reconnaissance de sa valeur technique qui procure des bénéfices en termes de sociabilité. À la connaissance de la danse et de la musique est donc étroitement associée une valeur sociale qui procure un rang permettant d'évoluer en tant qu'acteur dans l'espace du bal. Raison pour laquelle il est souvent fait allusion au niveau de danse, ce qui accessoirement constitue un bon argument pour inciter les danseurs à se perfectionner dans les cours et stages. Les effets de ce classement sont relativement stables, sauf cas exceptionnel, comme lorsque surgissent des danseurs bien plus expérimentés provenant d'une autre contrée, qui peuvent provoquer un déclassement brutal des danseurs du cru. Cela m'est arrivé à Lyon, dans les années 1990, lorsqu'une palanquée de danseurs suisses, bien plus aguerris, avait ravi le cœur des danseuses, qui avaient longuement palabré par la suite à leur sujet… « Ah ! la douceur du guidage ». « Ah ! la musicalité du grand blond… » Ces classements sont le produit d'ajustements qui se réalisent le plus souvent entre partenaires de sexe opposé, et qui trouvent un aboutissement dans la capacité à inviter ou à être invité. Ils relèvent de la mécanique du bal, soit d'une forme d'autoproclamation qui ne demande que l'approbation d'un partenaire pour réussir. Pas ou peu infléchie par des instances extérieures, prescripteurs ou critiques, qui émettraient un avis contradictoire, cette procédure de classement fonctionne en vase clos. Le fait que chacun autoévalue subjectivement son propre niveau de danse se manifeste lors des inscriptions à un stage : le respect minimal des niveaux proposés par les organisateurs demeure difficile à appréhender par un grand nombre de danseurs amateurs, la propension la plus naturelle étant de s'inscrire au niveau avancé après une année de cours. La renommée acquise au bal est cependant centrale pour prendre la mesure de l'addiction qui s'empare des pratiquants. Voici enfin un territoire où, sans avoir besoin de déployer une argumentation subtile, sans devoir raconter sa vie, faire rire ou avancer la preuve de ses diplômes, vous avez l'opportunité d'être désiré et admiré. En un mot : reconnu.

Dans ces conditions, rester sur sa chaise, « faire tapisserie » comme on disait jadis, ou avoir le « cul carré » comme on peut l'entendre aujourd'hui, revient à être spectateur d'un moment qui, pour un néophyte émerveillé, rend l'inaction supportable le temps d'une soirée. Mais pour ceux et celles qui vont au bal pour danser, attendre et ne faire qu'attendre toute une soirée rend chagrin l'esprit le mieux disposé. Les femmes rapportent le plus souvent cette malheureuse expérience : coiffée, habillée, parfumée, chaussée, pomponnée, et ne pas décoller de sa chaise ; puis se retrouver chez soi, frustrée, à se démaquiller tristement – « Tout cela pour ça... » Soumises à la loi patriarcale du bal qui, quoi qu'en disent les passionnés, ne subit pas tant d'entorses que cela, elles sont le plus souvent tributaires du bon vouloir des hommes. C'est dans la dissymétrie qui imprègne encore le dispositif de l'invitation, et ce quelle que soit la configuration du bal (*cabaceo* ou autres), que se niche le fameux « machisme » du tango. Certains, rétrogrades de la semelle au plastron, terrorisent les débutantes en leur intimant l'ordre de ne jamais prétendre inviter un danseur mâle. Dans un registre similaire, certains organisateurs de bal prohibent le port du pantalon pour les danseuses, et vouent de même les baskets aux gémonies. Partout flottent les réminiscences de la domination masculine qui encadrait les codes du bal dans la première moitié du XXe siècle.

En France, les hommes semblent peu concernés par les tourments de l'invitation. Ils examinent ce point de loin, avec l'air supérieur. Lorsque leur parvient le lamento de certaines danseuses à ce sujet, il leur est facile d'argumenter de manière fallacieuse à l'aide d'un contre-exemple : « Regardez, cette fille-là, comment s'appelle-t-elle déjà ? Elle est débutante et, pourtant, elle n'a pas cessé d'être invitée. » Peu importe son nom, mais la beauté de son âge en revanche est primordiale car ce critère permet de l'identifier dans la communauté du bal. Favorisant les jouvencelles, la loi du bal s'exerce cruellement ; les briscards se font toujours un plaisir de les inviter, quitte à se faire marcher sur les pieds.

« On ne doit pas avoir de danseuses préférées, à moins d'être fiancés, ou assez adroit pour que personne ne puisse critiquer vos préférences. Il est de règle qu'un jeune homme bien élevé doit danser avec toutes les dames », écrivait le professeur de danse de salon Eugène Giraudet avant la Première Guerre. Le protocole n'est plus aussi strictement appliqué de nos jours, mais quelques traces demeurent parmi les sociabilités du tango. Dans ces milieux structurés autour de la souplesse du statut associatif, l'esprit de la formule « à but non lucratif » imprègne les comportements en termes d'invitation. Fréquemment sous-représentés, les hommes ont pour devoir de ne pas se focaliser sur quelques partenaires, mais au contraire de partager leur temps avec toutes celles qui ne dansent pas. Lorsqu'un couple se forme pour une durée supérieure à la norme (entre trois et cinq danses), personne ne songe pour autant au surgissement d'un éventuel passage à l'acte. Dans ces sociabilités où la mixité est la règle, on s'imagine mal que l'un des partenaires de danse se mette à déshabiller l'autre au milieu de la piste. La codification de la mixité dans le bal érige en règle absolue le principe de la retenue, et celui-ci est largement respecté.

À l'exception des bals dont la finalité est orientée vers la rencontre (*dance floor*, soirées privées), les émotions s'inscrivent dans un cadre qui rend possible la réalisation de danses sociales, socialisées et socialisatrices. Les prescriptions dans ce domaine sont étroitement arrimées tant à l'encodage technique (frottement des pubis en boléro et en tango de salon, mais proscrit ailleurs ; maintien de la main droite du danseur au-dessus du creux des reins en valse, tango, fox-trot) qu'à la ritualisation des différentes formes de danses. Le degré d'extériorisation des émotions varie selon les genres : forte en salsa, en country, en lindy-hop et dans certaines danses traditionnelles, où les visages rayonnants se font les porte-parole de la jouissance du mouvement réalisé en partenariat, elle est plus nuancée en tango, où le sérieux et la gravité rendent toujours honneur à la citation de Discépolo : « Le tango est une pensée triste qui se danse. »

Finalement, les registres émotionnels semblent s'organiser autour de deux polarités. Avec le principe de la retenue, la danse et le geste en danse constituent un système organisé de moyens et de fins, mais également une finalité sans fin. D'autre part, la place du bal dans la rencontre des Français atteste que sa finalité, suspendue par ce principe, n'en demeure pas moins tangible. Sous-tendu par des jeux multiples entre ces deux polarités, le bal constitue un cadre ritualisé qui, en organisant les principes d'un contrôle émotionnel, rend possible une construction identitaire fondée sur un espace relationnel éphémère où la finalité sans fin repose sur un ensemble de transactions émotionnelles procédant du toucher, du mouvement et du geste en musique, dans un dispositif collectif propre aux moments de danses sociales. En tango, cette double polarisation est particulièrement exacerbée dans la mesure où l'ensemble des dispositifs qui promeut son développement est orienté vers le terrain de pratique du bal.

Vu de l'extérieur, le bal n'offre pas un spectacle renversant. Certains s'y ennuient au bout de trois minutes. D'autres y trouvent un symbole fort du couple harmonieux. Mais ils n'iront pas jusqu'à considérer que le bal constitue un spectacle en soi, auquel on pourrait assister pendant des heures. En revanche, l'émerveillement qui les saisit s'accompagne du sentiment qu'il s'agit d'une danse accessible, quels que soient l'âge, les capacités physiques et les compétences en danse. Point besoin de toucher ses pieds en se baissant ou de savoir faire le grand écart. Il n'est pas non plus nécessaire d'avoir à son actif plusieurs années de danse classique, de savoir faire une pirouette ou de connaître la musique. Comme toutes les danses de bal, le tango est une danse démocratique, et le bal une scène ouverte où le désir de participer compte avant tout. Dans un théâtre, face à un spectacle chorégraphique, bien calé dans son siège, chacun sent que monter sur scène changerait considérablement la donne. Nous ne sommes pas spectateurs pour rien : la garantie de pouvoir se maintenir confortablement assis participe de la jouissance de la représentation. Au bal, le passage d'une posture à l'autre fait partie des règles implicites du jeu. Danser soi-même et regarder les autres danser, être acteur et spectateur, deux postures rendues poreuses par les sociabilités du bal.

Voilà des gens qui dansent enlacés, certains à petits pas, d'autres avec des élans plus vifs, tous essayant d'être en musique. Leur évolution laisse supposer que l'écoute de la musique va de soi, d'autant que la programmation privilégie des compositions et des interprétations qui appartiennent au répertoire des « musiques à danser ». La culture du tango n'a pas été traversée par une remise en cause radicale des relations entre la danse et la musique comme celle qu'a connue la danse contemporaine. Pourtant, un quart de siècle après sa résurgence en Europe et son renouveau à Buenos Aires, la relation à la musique demeure problématique. Comme le constatait Léon Werth à propos des dancings parisiens des années 1920, une observation des bals tango contemporains permet de constater que seul un petit nombre danse en musique. Leurs déplacements épousent, ici un instrument, là une ligne mélodique, ailleurs les particularités rythmiques du tango. Mais pour la majorité, il devient souvent délicat de se prononcer, tant ils semblent évoluer sur une autre planète que l'on dirait désertée par les vibrations de l'air. À leur décharge, il faut préciser que ce ne sont pas les choses à gérer qui manquent sur la piste : la musique est censée vous entraîner, mais vous n'êtes pas seul, l'autre ne l'écoute pas forcément ainsi, et puis la mélodie de cet orchestre justement vous est inconnue... Sans compter les autres couples qui s'ébrouent autour de vous et dont certains doivent éprouver les mêmes affres. Interrogés, danseurs et danseuses avouent qu'ils éprouvent rarement la « musicalité », la *onda* ou le swing dans la danse. Les moments de grâce apparaissent plutôt exceptionnels.

Le tango serait trop simple s'il suffisait de s'accorder en maniant des éléments de vocabulaire, une technique et une posture. Après l'apprentissage des premiers pas et des possibilités simples d'entrer dans le mouvement à deux, les pratiquants sont confrontés à une exigence esthétique et sensorielle : comment être en musique ? Apprendre à danser et entrer dans la danse tango suppose l'adhésion à un impératif, mais représente également un idéal : danser en musique est une exigence constitutive de l'expérience banale du danseur de bal. Il faut pour ce faire s'approprier une culture exogène, référencée à une matrice éloignée, c'est-à-dire découvrir le répertoire des compositeurs qui étaient joués à Buenos Aires par les orchestres de la période 1925-1950. Ces compositions et leurs interprétations sont très éloignées du fond musical familier des Français : cela ne ressemble ni à Astor Piazzolla, ni à Carlos Gardel, pas davantage à du tango musette ou à de l'electro-tango. Après une écoute répétée, une fois que le danseur peut distinguer un tango d'une valse et une valse d'une *milonga*, et que sa culture musicale le conduit à préférer Pugliese à Donato, tout n'est pas gagné. Reste la qualité de l'écoute : la connaissance de la structure des tangos rend de précieux services pour l'interpréter en dansant. Cependant, les musiciens qui apprennent à danser ne se révèlent pas plus doués que les autres... La seule connaissance de la musique, du solfège et de la structure, ne suffit aucunement à entrer dans l'univers de la danse.

Dans les leçons de tango, la musique est omniprésente et le public aurait beaucoup de mal à s'en passer. Vécue comme une nécessité primordiale, elle représente à la fois une stimulation et un paysage propre à cet univers de danse. La langue commune parle de « musique à danser » : on danse évidemment en musique. Parfois secondaire, parfois centrale, celle-ci détient un statut diversifié chez les pratiquants. Mais des débutants ne comprendraient pas si l'on passait la moitié d'une leçon à décomposer la relation à la musique. Celle-ci s'accompagne donc le plus souvent d'un non-dit, ou de la volonté qu'on en parle peu, qui peut provenir de l'intériorisation d'une norme construite en amont par les transmetteurs.

L'observation des régimes d'apprentissage montre que l'accent a surtout porté sur la transmission d'un vocabulaire de pas et de figures ainsi que sur les codes du bal. Que ce soit à Buenos Aires ou en France, la place accordée à la musique se révèle la plupart du temps mineure dans les contextes de transmission. Les professeurs ont des difficultés à en parler, soit parce qu'ils ne possèdent pas de culture musicale, soit parce que celle-ci s'adosse à des notions empiriques qui ne coïncident pas avec celle des musiciens. Bon nombre d'entre eux empruntent les facilités du mimétisme (« Faites comme je fais »), sans pouvoir forcément dire comment ils font. La relation à la musique n'ayant longtemps pas été considérée comme une priorité, ils disposent de peu d'outils pédagogiques pour l'aborder. Les approches sont néanmoins traversées par un renouvellement, tant dans le domaine de la qualité du mouvement que dans celui de l'approche de la musique. Des cessions thématiques centrées sur l'écoute et une réflexion sur ce thème émergent progressivement.

Sur ce point, les bénéfices de l'immersion culturelle propre aux Argentins constituent un avantage indéniable. D'ailleurs, de nos jours, les danseurs et danseuses du cru font toujours référence en matière de maîtrise du vocabulaire et de relation à la musique. À la différence du hip-hop, nous n'en sommes pas encore arrivés au moment où la primauté du berceau d'origine est démentie par des danseurs étrangers au foyer d'origine ; l'immersion culturelle représente encore un facteur décisif pour l'excellence en tango.

Stimulation, la musique contient aussi un impératif. En brisant la dualité du couple, elle pimente la relation : un couple qui maîtriserait une grande quantité de figures, mais qui ne parviendrait pas à « danser en musique » serait discrédité. De même pour celui qui serait en musique, mais ignorant du vocabulaire. L'équilibre est plus délicat qu'il n'y paraît au premier abord. Une hiérarchie implicite s'établit entre la spécificité de l'espace de relation et l'appropriation d'une capacité à « écouter la musique ». Dans une perspective centrée sur la technique, c'est l'écoute musicale qui est considérée comme la clé permettant de danser en musique. Toutefois, l'expérience montre que, à côté de cette possibilité, la qualité de la relation – sur les terrains de l'harmonie corporelle, de la fusion et /ou de la disponibilité – détient une efficacité sur la qualité de l'écoute musicale, de façon quasiment homologue au constat qu'un état de corps partagé peut conduire à interpréter un vocabulaire nouveau avec fluidité et aisance. Autrement dit, la qualité de l'écoute musicale prend également appui sur la qualité de l'espace de relation, irréductible à l'hétérosexualité, mais fondé sur la coprésence d'états de corps, de peaux, de subjectivités et d'imaginaires.

Les multiples configurations des modes d'apprentissage depuis un siècle rappellent que faire couple en tango ne va pas de soi. À Buenos Aires, avant que ne se formalise la fonction de professeur de tango dans les années 1990, on n'apprenait pas à danser. L'apprentissage se réalisait au bal. Plus précisément, les hommes s'exerçaient de leur côté entre hommes, avec un aîné, frère, cousin ou camarade. Les femmes de leur côté se rendaient au bal sans apprendre. Comme des princesses, elles attendaient l'invitation du danseur qui par son habileté leur ouvrait les chemins gracieux du tango. Tous deux disposaient bien sûr de l'ambiance et des modèles du bal dans lesquels ils étaient immergés dès l'enfance. Mais les hommes devaient « assurer » d'un point de vue technique afin de mettre en confiance leurs partenaires.

Lorsque le marché du tango se structure dans la seconde moitié des années 1990, un nombre croissant de débutants étrangers à cette culture s'initie puis se perfectionne dans des sessions d'apprentissage formel (cours et stages). Dispensées par des couples de danseurs, ou parfois par des danseurs seuls, celles-ci s'adressent à des couples

« fictifs » ou « réels ». Les danseuses en ressortent souvent frustrées, estimant que les contenus s'adressent en priorité aux hommes qui, il faut bien le reconnaître, ont tendance à en oublier leur partenaire lorsqu'ils se focalisent sur l'agencement de leurs propres pas en figures. Tirant partie de ce constat, ainsi que du fait que les femmes sont culturellement mieux disposées que les hommes à entreprendre un travail sur leur corps, des danseuses ont eu l'idée de proposer des stages de technique féminine où les participantes peuvent se rendre seules, sans se préoccuper de l'envie ou de la disponibilité d'un éventuel partenaire. Dans ce genre d'atelier, les femmes trouvent leur compte : les propositions pédagogiques sont ciblées sur leurs attentes, et elles en ressortent avec le sentiment de pouvoir présenter en bal un potentiel de séduction accru. Ce travail corporel entre femmes leur rappelle d'autres moments de danse ou de gymnastique, disciplines couramment suivies par les jeunes filles dès le plus jeune âge. Travailler son en-dehors, parfaire son équilibre, ses *voleos* et ses ornementations, est considéré comme une démarche « naturelle » qui se réalise entre femmes, dans le prolongement des activités poursuivies enfant.

Loin d'être dépaysées, elles sont dans ces stages de « technique femme » en terrain connu, avec en prime l'absence d'hommes, source perpétuelle de reproches dans les stages mixtes. S'adossant sur la journée internationale de la femme, Lady's Tango, le premier festival de tango à l'intention exclusive des femmes, s'est tenu pour la première fois en 2007 à Buenos Aires. En 2012, au programme durant sept jours, vingt leçons techniques pour les seules *tangueras* et, comme chaque année, un danseur invité d'honneur, qui se doit de proposer un cours de technique féminine. Dans le sillage de ces séances unisexes, des propositions identiques à destination des hommes ont vu le jour, mais elles demeurent proportionnellement bien plus réduites.

Parce qu'elle ne relève pas d'un processus de socialisation primaire, la présence des hommes en danse ne va pas de soi. Dès l'enfance, de nombreux garçons interrompent la danse, parfois sous la pression des parents, d'autres fois en raison de la majorité de la présence féminine, qui exerce de discrètes pressions sur les codes et les manières de se vêtir. Cette féminisation du milieu les poursuit ou les rejoint plus tard lorsque, jeunes adultes, ils souhaitent s'engager dans la danse pour en faire leur métier. La présomption d'homosexualité n'est jamais loin, et ce préjugé se manifeste au bal lorsque deux hommes dansent ensemble, d'autant que leur choix ne peut être légitimé par le manque de partenaires féminins qui, au contraire, attendent sagement leur tour pour danser, quand elles ne se mettent pas à danser légitimement entre elles pour faire face au manque de partenaires masculins.

Sous le boisseau de regards mi-amusés, mi-interrogateurs, un couple d'hommes ne se comporte pas sur la piste comme un couple mixte. En grossissant le trait, les hommes se donnent en spectacle, de façon à rappeler qu'ils ne dansent pas ensemble parce qu'ils ont du désir l'un pour l'autre. Il est rare que leur danse soit réalisée avec la gravité qui constitue par ailleurs la norme. Leur apparition sur la scène du bal n'est pas assumée. Elle est jouée, mais ce jeu les place en porte à faux vis-à-vis de leur recherche de virilité, car il sous-entend qu'un désir homosexuel inavoué pourrait les animer.

En situation d'apprentissage, les hommes, à qui l'on demande de danser entre eux, éprouvent bien souvent une gêne. Tout un travail de déconstruction est nécessaire afin d'envisager la danse non pas seulement comme la réalisation d'un désir brut d'entrer en contact avec l'autre sexe, mais aussi comme une discipline corporelle qui comporte des règles, des techniques et des savoir-faire, dont l'apprentissage nécessite de mettre entre parenthèses des motivations primaires. Pour les hommes qui ne sont pas familiers de pratiques de danse acquises dès l'enfance, cette prise de recul et de conscience représente une véritable démarche. Pourtant, lorsqu'ils acceptent de faire ce pas et de se mettre dans le rôle de la femme, ils en découvrent avec surprise les bénéfices.

Sur l'échiquier des styles de tango traversé par des querelles d'authenticité et des conflits de légitimité, la manière de danser *milonguero* s'oppose au *nuevo tango*. En annonçant le programme des stages, en qualifiant le style des intervenants, en induisant des formes de bal spécifiques, ces deux manières de danser rassemblent leurs *aficionados* qui utilisent la notion de style pour se situer, presque s'identifier, comme il est courant de faire référence à un parcours universitaire, une qualification ou une origine géographique. Opposant les tenants de la tradition à ceux de la rénovation, ces deux styles sont traversés par des enjeux générationnels. L'un s'affiche en continuité avec l'héritage des anciens tandis que l'autre annonce une forme de rupture. L'un serait inspiré par la pureté de la matrice originelle, l'autre serait le résultat d'expérimentations se nourrissant de l'apport d'autres disciplines de danse. Le clivage entre ces deux référents est si fort qu'il a engendré des sociabilités spécifiques, et des formes d'incorporation qui empêchent parfois les danseurs de partager ne serait-ce qu'une danse ensemble. Ces deux courants du tango contemporain sont incarnés par des figures comme Susana Miller pour le *milonguero* et Chicho Frumboli pour le *nuevo*.

Lorsqu'ils voyagent à l'étranger, ces deux danseurs-professeurs transmettent leur danse, à travers un ensemble de pas et de figures, une conception de la connexion et des considérations sur l'énergie qui donnent matière à la danse. Ils partagent un objectif commun, celui d'amener les participants à danser, non à bouger. Comme on peut s'y attendre, la transposition d'une expression dansée dans des aires culturelles étrangères au foyer d'origine – et cela même s'il existe de nombreux liens avec l'Europe qui proviennent de l'histoire du peuplement de l'Argentine – engendre un grand nombre de distorsions. En tant que chefs de file de manières divergentes de concevoir la danse, ils sont tous les deux victimes d'une déformation de leur enseignement.

À Paris et dans d'autres villes d'Europe, la traduction de la danse de Chicho, qui se caractérise par un prolongement de l'exploration de la structure entamée dans la seconde moitié des années 1990 sous la houlette de Gustavo Naveira, a évolué vers une grande liberté prise avec l'ensemble des codes du tango. Ses détours vers d'autres musiques que le tango des années 1920-1950 ont été pris au pied de la lettre par certains danseurs. Au bal, l'espace qu'ils occupent déborde sur l'agencement du groupe, rompant avec les principes d'homogénéité qui permettent une juste circulation. La recherche et le travail technique se sont déplacés du cours au bal, certains couples passant des heures à danser sans changer de partenaires. Les Européens ont parfois traduit l'investigation de la structure de la danse par une déconstruction radicale des codes. Ils ont confondu la matière et la forme et, d'une certaine façon, ont agi pragmatiquement, préférant porter leur attention là où la matière était la moins résistante et la plus éparpillée, sur les codes et les sociabilités. Pour se limiter à la structure du tango, il aurait bien évidemment fallu préalablement connaître tous les pourtours de cette culture de la danse, englobant à la fois savoir et savoir-faire. En inventant d'autres savoir-faire, un grand nombre s'est imaginé avoir accès à la structure.

Formes de bal contemporaines qui essaiment en Europe depuis la fin des années 2000, les marathons sont une émanation directe de ce malentendu. Tous les codes du bal y sont renégociés : la sélection par niveau de danse, l'invitation par cooptation à l'intérieur d'un réseau, la pratique de la danse plusieurs heures de suite avec le même partenaire, le renouvellement des codes vestimentaires... Vus d'Europe, les marathons apparaissent comme une réappropriation forte d'une culture exogène où se réalise l'adéquation entre les jeunes générations (trentenaires, célibataires, sans enfant, disposant de temps libre) et la représentation d'un tango jeune, dynamique, libéré des codes et de la référence à la tradition argentine. Il n'en subsiste pas moins des liens forts à Buenos Aires qui demeure un terrain de jeu pour ces pratiquants *jet-set*, revendiquant leur qualité d'amateurs, dégagés des contraintes et des stratégies professionnelles, valorisant le tango « plaisir » et exportant dans les nuits portègnes leurs valeurs, à travers la force de frappe de leur insouciance et de leur pouvoir d'achat décuplé par un taux de change favorable.

À quelques nuances près, le style *milonguero* a connu les mêmes distorsions. L'émerveillement face au toucher du sol, à la détente, au swing, à l'enlacement des vieux *milongueros* a inspiré la formalisation du style. L'ordre de cet énoncé est important, car c'est ainsi que, du bas vers le haut, la danse – qui est d'abord une relation aux appuis – se nourrit et se construit. À ce titre, les vieux *milongueros* mettaient en pratique des savoir-faire qui ont depuis été théorisés à partir des exemples de la danse moderne et contemporaine. C'est ainsi que le conçoit dans son enseignement Susana Miller, la figure de proue du style *milonguero*, tirant partie de son expérience en yoga et en bioénergie. Au contraire, certains courants de tango *milonguero* développés en France se concentrent exclusivement sur la partie haute du corps, développant un argumentaire sur l'*abrazo*, l'intimité et la connexion. Valorisant un état de tension qui se manifeste dans les mots employés en contexte d'apprentissage (« tirer », « pousser »), les tenants du style *milonguero* se sont coupés de la terre d'où les danseurs puisent leur énergie. Comme pour la mésinterprétation du *nuevo*, le malentendu a des origines pragmatiques : il est plus facile de s'attaquer aux symptômes qu'aux sources du mouvement. Mais à la différence de la diffusion du *nuevo*, ce pragmatisme a été mis au service d'une stratégie commerciale par les promoteurs du tango *milonguero*. Il ne faut pas entendre le qualificatif « commercial » comme un jugement de valeur, mais comme la nécessité, en l'absence de subsides publics, de se développer, de louer des salles, de se faire connaître et d'organiser des événements... bref, de s'inscrire dans une économie concurrentielle. Grâce à un management bien rodé, le style *milonguero* exploite les représentations du Sud et de la latinité : le contact des poitrines, la sensualité de l'enlacement, la référence constante à l'authenticité argentine... À l'instar des *salseros*, les *milongueros* se targuent de rendre leurs ambiances *calientes*.

Quels que soient les styles, l'origine populaire du tango marque durablement les esprits et imprègne les imaginaires. Ses origines noires sont exaltées alors que le tango s'est construit à Buenos Aires comme un genre représentatif des Blancs, contre les métis et les Noirs de l'intérieur. Le côté mauvais garçon et son passé prostitutionnel font rêver, comme si les *tangueros* étaient de fins connaisseurs des bordels contemporains, maniant le surin et portant balafres. Les bas quartiers sont érigés en référence incontournable, mais le tango se danse dans le centre des villes sur des parvis propres et bien éclairés. Point de bal tango en plein air dans des zones urbaines concentrant les signes de la relégation, entre autoroute, voie de chemin de fer, station d'épuration et usine classée Seveso.

Traverser l'Atlantique. Ouvrir son sac, s'habiller. Sortir et se diriger vers la *milonga*. À Buenos Aires, les passionnés éprouvent le sentiment d'être immergés dans la nuit vibrante du tango authentique, évoluant en rythme au cœur de la tradition. Le plaisir des passionnés, intarissables sur leurs émotions, leurs découvertes et leurs enchantements nocturnes, semble décuplé. Les tenants d'une tradition conservatrice réalisent le circuit convenu des *milongas* de style et de codification *milonguero* : El Beso, Caning, La Cachirulo, Gricel... Être bien mis constitue une règle implicite : robes pour les femmes, costume trois-pièces ou chemise rentrée dans le pantalon à pinces pour les messieurs. Les sexes sont « placés » de part et d'autre de la salle, comme deux équipes distinctes prêtes à s'affronter, afin de faciliter l'invitation à distance par le regard. Réalisé par l'organisateur de la *milonga*, ce placement vous assigne un rang, au sens propre, dans l'espace du bal. Ce soir, à El Beso, sont assis au premier rang les danseurs et danseuses qui jouissent d'un bon niveau technique, au deuxième rang ceux et celles qui sont connus, et au troisième les visiteurs de passage et ceux et celles dont la valeur technique est moins éprouvée. Inconnu dans les lieux, j'arrive alors que la *milonga* est déjà bien engagée ; je me retrouve assis dans un coin, serré autour d'un guéridon entre deux autres personnes du même sexe. Serrés comme des sardines, nous nous côtoyons, faisant comme si l'autre n'existait pas. Un peu plus élevée que celle des femmes, la moyenne d'âge des hommes se situe entre 55 et 65 ans. Vers 23 heures, cent trente personnes environ sont assises, et treize couples dansent sur la piste.

Chaque *tanda*, moment de danse accompagné par quatre à six tangos, est ponctuée par une *cortina*, intermède musical court, sorte de virgule, durant laquelle les couples vont s'asseoir. Recommence alors la ronde des regards. Il est préférable d'avoir une bonne vue, de nettoyer préalablement ses lunettes, ou ne pas avoir de lentilles trop usagées qui floutent les visages.

Des faisceaux de regards appuyés se cherchent, se trouvent, s'échangent, puis se concrétisent par un premier pas. En général, l'homme se lève d'abord, traverse l'espace de la piste pour se diriger sans hésitation vers le camp des femmes. En 1996, à La Confiteria Ideal, novice quant au jeu de l'invitation, je m'étais levé et dirigé vers une danseuse ; lorsque j'arrivai à deux mètres d'elle, elle resta assise, car elle attendait la venue de celui avec qui elle avait réellement échangé une œillade. Puis, se levant, elle me dépassa et je restai un temps penaud avant de regagner ma place.

Ce soir, avec mes lentilles toutes neuves, certifiées par mon ophtalmologue, je distribue du *cabeceo* en veux-tu en voilà. Successivement, au cœur de l'épicentre du tango dit *milonguero*, à un jet de pierre de l'hypercentre de Buenos Aires, je danse avec une Argentine professeur de yoga qui vit dans le quartier, puis une autre, institutrice en congé maternité qui réside à Eizeiza, dans le quartier de l'aéroport, une Brésilienne ingénieur chez Petrobras, une Française d'Avignon membre d'une association marseillaise, une Américaine de San Francisco installée à Buenos Aires depuis deux ans et demi, une Suissesse de Zurich metteuse en scène, arrivée le soir même pour un séjour de deux mois, une socioanthropologue berlinoise inscrite en thèse et qui travaille sur l'ethnicité, et même une autre, institutrice en congé sabbatique ici depuis trois mois. Et enfin une Française, consultante et professeur de tango à Lyon, venue avec son compagnon pour un séjour de trois semaines.

Dans ce dispositif un peu suranné, je me demande ce qui peut conduire ces hommes et ces femmes à simuler, par un échange d'œillades, un intense jeu de séduction qui demeure strictement codifié par des règles tacites. Quelles motivations pour cette Américaine de 60 ans qui vit ici depuis deux ans, cette Française de 45 qui enseigne le tango *milonguero*, cette Allemande de 35 ans qui se dirige ici le soir même de son arrivée ? Je sens ses seins. Elle les dispose confortablement contre ma poitrine. Vous imaginez bien que seules les femmes aux poitrines amples peuvent ainsi s'offrir sans ridicule. Les femmes aux petits seins ont bien compris qu'il fallait jouer sur un autre registre, investir d'autres champs. Les opulentes se collent à moi parfois, et me gênent profondément par leur offrande sans détour. Elles ne peuvent pas savoir que, sans parler d'excitation, j'attends de sentir d'autres choses, où les seins jouent une maille fine et entremêlée avec le reste du corps.

Je la prends dans mes bras, elle que je ne connais pas. Nos parties hautes se connectent d'emblée, je ne sais ce que dit la mienne. Ce qu'elle dit reste au plus profond de l'autre. J'inspire la sienne, puis l'expire, car c'est dans cette simplicité de la respiration que mes épaules s'abandonnent et que je vais à la matière incandescente de son buste. Ses seins sont petits, aussi ne les sentirai-je guère. Mais tout ce qui s'organise autour a pris une liberté immense, face à la petitesse de ces seins menus. Dans ma perception ordinaire, quoique déjà un peu ancienne, la focalisation sur les seins des femmes que je croisais m'éblouissait et gommait le reste. Il faut, sans doute, être comme le géologue qui lit le paysage à partir de l'analyse du sol pour se contenter des seuls seins dans l'appréhension d'une personne. Je n'étais pourtant pas géologue, pas -logue du tout, mais, fasciné par ces bulbes mammaires rebondis, amples et généreux, qu'on aurait toutes les raisons de trouver au fond d'obscures cavernes comme représentation de la mère universelle. Du moment où j'ai commencé à danser, j'ai perdu sans y penser cette façon de regarder les seins des femmes : je les ai sentis. Finalement, cette nouvelle perception dans l'étreinte de la danse ne m'a conduit nulle part : mon regard s'est dégonflé, je n'aurais pas idée d'inviter une femme pour cela, comme si ce symbole de la femme et de la mère s'évanouissait dans mes bras pour laisser place à autre chose. J'ai mis longtemps à savoir ce que cette autre chose était.

On s'arrête de danser. Je la garde près de moi, je ne desserre rien de mon bras, ma tête est contre la sienne ; elle reste immobile, tout s'éteint, et cette étreinte devient un pur instant d'immobilité entre deux danses, sans parole, mais aussi sans regard, juste deux corps qui attendent, où la danse vogue en écho d'une rive à l'autre. La musique revient, la danse reprend, l'étreinte se chauffe à sa propre matérialité, elle existe maintenant d'elle-même entre nous, elle ronronne doucement, mais explore aussi des angles, des rythmes, des recoins, elle cherche l'amplitude où se lover, elle génère des formes plus manifestes d'abandon et, comme dans une discussion, un geste ou un sourire suffisent pour dire qu'on est bien. Des contacts inédits se réalisent parce que cette étreinte cherche aussi ses limites. Je sens son ventre contre le mien, et avec les battements de son cœur, sa respiration ; d'une étreinte banalisée, ses mains soudainement soupirent. Je m'imagine être un bonbon sucré, une récréation sensuelle, un potage quand vient la faim, une échappée belle. Un prétexte à un retour sur elle-même via son petit corps, que partout ailleurs, elle s'applique à *effacer*. Ni tatouage, ni piercing : du tango chaque semaine. Danse après danse, elle vient au bal organiser le retour du refoulé.

La jouissance est certaine : se sentir le centre du monde mais enlacé par un autre, qui n'a d'attention que pour vous. Tourbillonner dans les multiples possibilités combinatoires. Soudainement, je deviens flocon, aérien, voltigeant dans un périmètre dédié aux oublis, aux émois et aux swings du tango. Un rouleau compresseur d'émotions multiples afflue comme les vagues une nuit d'été.

Pas de répit, pas de relâche, pas le temps de se souvenir, seul compte le désir de retourner là-bas, au cœur de la piste, dans le maelström du bal, inondé de musique, swing entêtant de Biagi et d'Arienzo, romantisme de Di Sarli, envolées de Pugliese, rythmique insolente de Tanturi… La cristallisation du désir prend de multiples directions, toujours imprévues, toujours changeantes. Suspendu, le temps se retire comme l'océan sur les grèves bretonnes, sans disparaître totalement, laissant une onde salée, une brumisation iodée, un souffle calme et puissant qui m'enveloppe et accompagne mes mouvements. Chaque pas compte, la moindre suspension, l'infime accélération ; l'étreinte s'ajuste en permanence par d'imperceptibles déplacements d'épaules et d'omoplates. La vie ne circule jamais autant entre le bas et le haut du corps que dans ces moments-là.

Sous l'effet du flux de touristes venant pour le tango, un grand nombre de *milongas* de Buenos Aires se sont positionnées par rapport aux styles. Les adeptes d'un tango rénové fréquentent les *milongas* aux ambiances plus détendues, et plus jeunes, mais où règne cependant un protocole invisible qui s'arrime non pas tant aux modes de socialisation qu'aux codes gestuels inhérents au style de danse *nuevo*. La dénomination de *practica* vient renforcer l'aspect informel de la soirée, où aucun style vestimentaire particulier n'est exigé, si ce n'est une conformation aux canons « branchés » du moment (pantalons pour les femmes par exemple). Villa Malcom accueille une *practica* « branchée », fréquentée par de « jeunes » danseurs, âgés de 25 à 40 ans, familiers d'un style de tango dynamique. Carrelée, éclairée par des néons et dominée par d'immenses ventilateurs, la salle ne paye pas de mine. Selon les soirs, la sono crachote un peu et l'ambiance me rappelle celle des bars dancings de Bacongo ou de Talengaï du Brazzaville des années 1980. Tous sapés, se donnant des airs, humant l'air de la piste comme dans une partie de chasse, avec comme point de mire la recherche fébrile d'une jouissance aussi intense que fugace.

La métaphore de la relation amoureuse n'est jamais bien loin. Platonique bien sûr, les yeux dans les yeux, et tout le tralala. Mais aussi sexuelle. L'iconographie du tango est riche de ces moments de danse figés par la pellicule qui valorisent des postures inspirées par les rudiments du *Kâmasûtra*. Mais ce soir, lors de mon deuxième séjour à Buenos Aires, entre les colonnes de marbre de La Confiteria Ideal, j'éprouve soudainement un état jusqu'alors inconnu. Elle est plus âgée, et je me sens comme un gamin dans ses bras. Mais ce sentiment n'a pas le temps de me tourmenter. Dès le troisième pas, quelque chose s'enclenche avec la vélocité de ces choses du destin qui vous échappe. Comme s'ils n'avaient jamais fait que cela, nos corps s'imbriquent. Cet état fusionnel perdure pendant toutes les *milongas* de la *tanda*. Expérience ordinaire que la plupart des amateurs ont traversée, mais qui relativise l'incroyable folklore auréolant cette danse. Pas une once de désir pour cette partenaire, j'ai totalement oublié à quoi elle ressemblait, je crois même que je ne m'en suis jamais préoccupé. Ce qui est resté vif et printanier, c'est l'onde que ce moment de danse a engendrée au plus profond, faite d'allégresse, de confiance et d'abandon. À la *feria* de Toulouse à la fin des années 1990, au Neuf billards à Paris, à la Milonga des 4 saisons aux pieds de la montagne de Lure, à Malmousque, ou en démonstration avec Cécile dans la Rue du tango, j'ai croisé cette onde légère et parfumée qui est le sel de la danse.

Tout ceci est venu bien plus tard. À mes commencements, je cherchais une chose simple, évidente, que dans la mythologie des pays latins on apprend haut comme trois pommes. Je cherchais à être un homme dans le tango. Car être un homme dans le tango, c'est au moins l'être quelque part. Il est apparu que cette quête était centrale, d'autant plus que le sentiment d'en être un restait plutôt vague dans l'amour et dans l'exercice de ma vie professionnelle. Je me suis très tôt dit que si les hommes et les femmes plongeaient dans cette danse, c'était pour une multitude de raisons conscientes et inconscientes, implicites et explicites, tordues et simples, et que sans cette recherche d'identification, le plongeon pouvait avoir lieu, mais l'on se retrouvait vite à prendre le soleil sur le rivage, et à regarder les autres clapoter au loin dans le courant du bal. Il y a évidemment bien d'autres motivations concurrentes, comme celle de la recherche de rencontre, qui n'exclut d'ailleurs pas qu'on se pique d'identification sexuée.

Sentir qu'à mon désir répond celui de l'autre, la faire sourire, sentir ses yeux fermés sur son visage concentré. Puis la pâmoison, souvent simulée, parfois vive et abandonnée.

Avant de danser, chacun choisit un partenaire du sexe opposé. Être un homme constitue une chose simple et évidente dans ce cadre ritualisé ; ce processus de reconnaissance de l'autre sexe paraît tellement normal qu'on ne soupçonne pas tout ce qu'il mobilise pour pouvoir réussir.

Danser. Rien de plus simple en apparence, mais cette évidence recèle bien des complications. Danser au bal à Buenos Aires ne va pas plus de soi. Lorsqu'elle vient à se répéter, l'attente se transforme en angoisse. Résistant aux trous d'air, aux alizés et au décalage horaire, cette angoisse traverse sans peine l'Atlantique. Les danseuses la transportent avec elles à Buenos Aires, soigneusement rangée au côté des escarpins, du rouge à lèvres et du guide des *milongas*. Il convient néanmoins de réussir son voyage, car celui-ci est exclusivement organisé autour de la pratique de la danse. Elle est au centre et, conformément à son statut, c'est autour d'elle que gravitent les enjeux du pèlerinage à La Mecque du tango. Il ne faut pas « se louper ». Rien de comparable à une randonnée pédestre dans le Hoggar où il s'agit avant tout de gérer sa monture, de bien l'hydrater, de soigner les ampoules aux pieds et de veiller à ceux-ci en choisissant de bonnes chaussures. Dans le bal, il faut compter avec soi bien sûr (haleine fraîche, chemise propre, pantalon bien taillé, décolleté idoine) mais aussi avec l'autre qui, pour un temps, se proposera comme partenaire de danse. Impossible, comme sur un sentier poussiéreux, de pester contre l'inclinaison de la pente, la rocaille qui s'amuse sous les semelles et le soleil brûlant ; l'autre est ce qu'il est, et ne vous garantit rien de spécifique.

Sillonner Buenos Aires la nuit de *milonga* en *milonga* demeure un moyen extraordinaire de vivre des vacances, en les structurant de telle façon que les pèlerins terminent leur séjour sur les rotules, ivres de danse, d'émotions et de bonheur. La succession d'une dizaine de bals chaque soir dans des lieux à l'ambiance et au public différents est un moyen assez simple d'organiser son temps. La répartition « normale » du jour et de la nuit s'en trouve bouleversée. Coucher matutinal entre 5 et 8, lever dans l'après-midi, petit-déjeuner en lieu et place du dîner, préparatifs et rebelote. Dans les interstices, le *tanguero* glisse les affaires courantes du tango : achat de chaussures, de vêtements et de disques liés à sa passion de la danse. Quelques amourettes provoquent parfois certains contretemps, mais on sait que même ivre de fatigue, essayer une paire d'escarpins procure moins de stress qu'un entretien d'embauche. Les pieds peuvent néanmoins être un peu enflés.

Être debout, dans les bras de l'autre sexe, participe du sentiment d'exister. Une rupture charnelle avec la solitude et le repli sur soi. Un soi fatigué d'être ce qu'il est, hanté par la peur et l'angoisse d'être seul. Être reconnu par le regard de l'autre, se lever et danser, il n'y a plus qu'à faire le tour de la piste, c'est une géographie très balisée, toujours identique, une pérégrination tranquille, un cheminement attendu. Aucune raison de se perdre. Tout est possible dans ce cadre ou rien d'autre n'est possible ; voici venir les possibles de la danse : l'oubli de soi, la sensualité réveillée, la fusion brève mais intense, le transport non pas amoureux, mais d'une projection amoureuse. Confort du fantasme et de lui seul : rien à gérer, ni le calendrier, ni le *tempo*, ni les enchaînements, ni le verbe, ni l'après. Avec de petits moyens, ceux mobilisés par mon propre corps qui prend plaisir à danser en musique, me voici plongé dans une parenthèse de « vraie vie » au sein d'une vie morne et triste.

Comme le nez au milieu de la figure, la sensualité hétérosexuelle est là, surcodée, brouillant tous les autres repères, installée dans une omniprésence tranquille. Mais au-delà de cet aspect que l'on retrouve partout ailleurs dans le bal tango, le touriste éprouve loin de chez lui le plaisir social d'être intégré à un groupe, structuré par ses codes, ses savoir-faire et ses savoir-être. Après l'attrait du rivage, des paysages et du sexe, l'attrait pour une sociabilité corporelle hétérosexuelle nourrit un mode de relation à l'ailleurs qui compose une nouvelle forme de tourisme. Fondée sur la formation spontanée d'un réseau cosmopolite, où se trouve célébrée la valorisation de soi par l'autre à travers la mise en œuvre d'un savoir-faire exclusif, la *milonga* est devenue un nouveau rivage.

Faire le voyage seul ou en couple ? Ce dilemme imprègne le pèlerinage à La Mecque du tango, mais ses termes ne sont réellement pris en compte qu'au retour… Se rendre à Buenos Aires en couple apparaît de prime abord comme une manière de contourner les affres de « la tapisserie ». Mais cela revient à exposer le couple aux turbulences de la jalousie. En situation de bal, dans le tourbillon de la danse et des invitations, la gestion des affects est la chose la moins bien partagée. Reproches et fâcheries font vite tourner le bal au vinaigre. Se rendre à Buenos Aires seul semble une façon de s'exposer davantage compte tenu de l'absence de sociabilisation préalable. Le solitaire éprouve alors les deux principaux critères qui déterminent la ronde du bal : le niveau technique et le capital de sociabilité. À moins d'être une renommée internationale, le second critère est forcément faible de l'autre côté de l'Atlantique. Et pour une femme qui n'a pas la main pour inviter, la *milonga* peut vite se transformer en épreuve, d'autant que l'on est venu spécifiquement pour danser toute la nuit. Afin de déjouer le sort malin, certaines ont recours aux services d'un *coach* qui les accompagne dans les *milongas*, et procure des conseils personnalisés sur le choix d'un cours, d'escarpins et de vêtements. La qualité de ces conseils repose sur une évaluation du profil de la touriste tango, en fonction de son âge, de son niveau technique et de ses atouts corporels. D'autres *tangueras* déploient leurs stratégies par leurs propres moyens, par exemple en s'inscrivant à des cours particuliers et/ou collectifs, qui procurent en *milonga* l'assurance d'être ensuite invitées par le professeur.

La sagesse consisterait à reconnaître qu'il s'agit d'une activité solitaire, mais non dénuée d'ambivalence. Pour une personne seule, les propriétés de la danse sont une tentation à se mettre en couple. À celle-ci, il faudrait sans cesse résister, car une fois en couple, la pratique du tango génère des turbulences. Si cette danse symbolise une relation érotique et fusionnelle, les registres de cettte dernière sont à même de faire vaciller la notion de couple.

Il serait naïf de croire que seules les femmes sont confrontées aux affres de l'invitation. Ils gagnent également la gent masculine à Buenos Aires, et ce n'est sans doute pas l'un des moindres dépaysements du voyage. En déficit de capital social, et faisant valoir un niveau de danse acceptable en Europe mais qui se trouve extrêmement banalisé dans une *milonga* comme la Practica X fréquentée par une concentration importante de danseurs-professeurs de renommée internationale, j'ai moi-même vécu cette expérience exotique de « faire tapisserie » une partie de la soirée, le jeu social du bal étant réglé selon un entre-soi déterminé par des objectifs d'abord professionnels. Un autre danseur, professeur en France, venu sans partenaire, s'est trouvé tellement désabusé par ses échecs dans les *milongas* qu'il a réorganisé son séjour en visitant méthodiquement les curiosités touristiques de la ville, ce qu'il ne pensait absolument pas faire initialement. Pour nous danseurs, il est bien sûr difficile de relater ce genre d'expérience qui tranche avec notre statut privilégié dans le bal en France. Comme dans les enquêtes sur les pratiques sexuelles où les hommes ont tendance à en rajouter sur la fréquence de leurs rapports, nous recomposons nos récits pour en gommer les expériences cuisantes. Et elles le sont d'autant plus qu'en France, à la fois craints et admirés par les danseuses, nous jouissons d'un statut privilégié. Cette position procure le sentiment que le jeu est sous contrôle et que les règles vous appartiennent.

La topographie du séjour tango est donc particulièrement mouvante, soumise avant tout aux lois du bal qui, de ce côté-là de l'Atlantique, valorisent en certains lieux le *cabaceo*, en d'autres la ronde des danseurs, et ailleurs l'invitation entre soi dans des coteries préalablement constituées, où l'insertion nécessite soit un peu de temps (que de brefs séjours interdisent), soit une renommée qui vous précède. Le bal peut se révéler un lieu de doute, d'incertitude et de désappointement. Et parfois, plus que cela, un lieu de souffrance.

L'engagement des pratiquants dans le tango est bien souvent qualifié de « passion », aussi bien par les acteurs eux-mêmes que par les non-pratiquants. Il est vrai que la communauté, avec ses rites, ses codes et ses sociabilités, peut faire penser à une « secte », comme on l'entend parfois dire, ce terme étant pourtant inapproprié. Si cette pratique cause bien une réelle coupure d'avec les cercles de sociabilité autres que le tango, elle n'en va cependant pas à encourager la spoliation des biens au profit d'une idéologie ou d'une religion. Pourtant, il est un trait qui distingue cette passion de toutes les autres « passions ordinaires » telles que le scrabble, les concours canins ou la varappe. Comme partout ailleurs, les amateurs se trouvent captivés par leur objet, mais ils éprouvent autre chose que l'on rencontre rarement dans d'autres domaines d'activité : le face-à-face des sexes est une source puissante de fantasmes et de bénéfices narcissiques. En tango, les amateurs éprouvent de surcroît la passion d'une relation passionnée. La *passion de la passion*, c'est ne plus pouvoir faire la différence entre mes désirs d'« homme sans qualités » et ceux qui animent mes rêves.

Passionnés, les danseurs ne plongent pas pour autant dans la déraison la plus échevelée. Pensant au tango jour et nuit, ils n'en gardent pas moins les pieds sur terre. On oppose traditionnellement la passion à la démesure, de même que l'on associe la rationalité à la mesure. Force est de constater que les passionnés recomposent l'agencement de leur existence à partir de l'objet de leur passion. Les mutations qu'ils mettent en œuvre dans leur existence relèvent de décisions mûrement réfléchies. À travers des congés sans solde avec possibilité de revenir à l'emploi initial, les reconversions professionnelles sont minutieusement préparées. Elles s'accompagnent d'une épargne, voire d'études de marché en prévision de la nouvelle activité liée au tango. Dans un premier temps, l'investissement des amateurs conduit à faire graviter son existence entière autour de la pratique. C'est durant cette période que s'opèrent les décrochages d'avec leurs habitudes de vie. On laisse ses cheveux pousser de façon à les nouer en catogan. On renouvelle sa garde-robe de pied en cap. On reconfigure ses connexions numériques pour multiplier les mises en réseau avec les sources d'information sur le tango. On prévoit des plages de temps plus ou moins longues consacrées à ses déplacements vers des festivals, stages, marathons en Europe, et jusqu'à La Mecque du tango. L'immersion reconfigure alors les habitudes, qu'elles soient domestiques, relationnelles ou professionnelles. Le caractère exclusif de la passion s'impose, reléguant « le reste » à l'état de préoccupations subsidiaires. Au terme de cet épisode, certains demeurent accrochés, incapables de mettre en œuvre des échappées permettant de rompre ce cercle répétitif, où seuls des changements mineurs d'activité demeurent possibles : passer de danseur amateur à platiniste amateur, et de platiniste à organisateur. Le changement de statut revêt une certaine importance car il permet de passer dans le camp de ceux qui prennent part directement à l'animation du réseau. Bien que déployant des expertises comparables à celles des professionnels, ces activités n'en demeurent pas moins placées sous le signe de l'amateurisme dans le sens où elles ne permettent pas à leurs acteurs d'en vivre.

Comme les activités tango sont faiblement intégrées au service public de la culture, les organisateurs, majoritairement bénévoles, sont parfois débordés par une charge de travail qui s'ajoute à leur activité propre qui, elle, est rémunératrice. Des conflits d'intérêts peuvent surgir entre catégories d'acteurs, les motivations des bénévoles étant incompatibles avec les ambitions des professionnels. Lorsque cette contradiction est vécue par l'amateur au niveau de son propre investissement, engendrant un conflit interne entre l'objet de sa passion et la profession qui le fait vivre, une alternative se profile : abandonner progressivement la pratique ou, au contraire, en faire une activité suffisamment rémunératrice pour pouvoir en vivre. C'est à ce moment que la passion l'oriente vers un processus de professionnalisation qui mobilise des compétences acquises auparavant dans le champ professionnel d'origine. Beaucoup deviennent professeurs, capitalisant ainsi le temps passé à danser en bal, à travailler leurs figures et à s'entraîner méticuleusement. D'autres deviennent platinistes, en essayant d'accroître leur périmètre d'intervention, ce qui les transforme en nomade du bal, vivant la nuit, accompagnant les danseurs jusqu'au petit matin. Pour ceux qui tombent sous le charme de Buenos Aires, l'idée de s'y installer les oriente vers d'autres types d'activités, l'offre de cours étant déjà suffisamment développée par les locaux. Ce qui ne les empêche pas de dispenser des cours en valorisant l'affinité linguistique, certains touristes du tango étant rassurés lorsqu'ils retrouvent sur place des ressortissants parlant la même langue et partageant les mêmes valeurs qu'eux. D'autres proposent des hébergements assortis d'une offre de conseils, voire de *coach*. À ce stade, les amateurs ont quitté les berges de la passion exclusive pour transformer son objet en activité économique lucrative. Pour ce faire, il leur a fallu investir dans la pierre, valoriser un réseau relationnel, parfaire leur niveau linguistique, mobiliser des outils de gestion et de marketing. Dans tous les cas, leur passion est devenue un objet à gérer, à organiser et à capitaliser, en ayant recours à des principes de rationalité et de mesure.

Sur place, dans le haut lieu du tango, comme en écho à ses turbulences passionnées qui traversent l'Atlantique, les marchands de souvenirs se sont saisis de l'image du tango pour capter cette clientèle adepte de l'*abrazo argentino*. L'iconographie privilégie l'effigie de Gardel, coiffé de son chapeau, ou arborant son sourire charmeur et ses cheveux soigneusement gominés. Retenant surtout la danse, elle statufie des couples dansants accompagnés de réverbères, de bandonéon et de ruelles pavées. Du *mug* au stylo en passant par le *tee-shirt* et le dessous de verre, l'enlacement d'un homme et d'une femme est devenu le symbole le plus expressif du genre tango.

Autre lieu, autre bal, autre public : pour fêter la fin d'un stage de danse contemporaine, des danseuses dansent et s'amusent entre elles. Leur liberté donne à leur corps ce qu'elles donnent à l'amour, elles se laissent aller, se cambrent, trémoussent des choses improbables, vivent la vie des sens dans tous les sens. L'exaltation de leur corps s'absorbe et se déploie vers d'autres femmes ; en communion avec le même sexe, celui-ci semble en être quasiment évacué tant le désir circule et virevolte sans direction précise. Par leur accordage rituel, les corps dans le tango se promènent et se désirent dans une quête semblable où se joue la perception du désir de l'autre. Mais toutes ces filles jouissent d'une liberté grande, celle de s'affranchir du pas de deux. Liberté du jerk, pour soi et avec les autres. Antithèse du tango, pour soi aux prises avec l'autre.

Ce soir, pour notre première danse, je n'ai eu le temps de rien ; dansé comme un pied, la glotte au bord du gouffre, les orteils en apnée, le souffle raide, la gorge serrée. Des figures, des figures, aucune pause. Qui peut me dire ce qu'il y a eu comme musique ? Seule chose dont je me souvienne, c'est que c'était un tango, pas une *milonga*, ni une valse. Quand la musique s'est arrêtée, je me suis arrêté aussi. La fin, c'est la seule chose que j'ai comprise. Je m'apprêtais à respirer un peu, et à proférer les balivernes coutumières qui s'échangent entre deux tangos quand elle m'a dit merci. Et s'est retirée aussi vivement qu'elle l'avait dit. Je me suis retrouvé seul au beau milieu de la piste, l'air idiot, comme lorsque, dans un cocktail, vous piétinez sur place, un verre à la main, à la recherche d'une personne à qui parler. La musique a repris, les autres se sont mis à danser autour de moi. Ce fut un choc sur le coup, puis une occasion de réfléchir à l'épaisseur qui traverse quelques minutes de danse avec une partenaire inconnue. Des rapports de séduction, mais aussi des rapports de force ; l'harmonie, mais aussi la mésentente et la discordance, soit l'étalonnage inégal des attentes, des investissements et des désirs. En cela, le tango dansé est un laboratoire où le couple, placé dans l'éprouvette du bal, expérimente les scansions houleuses ou tranquilles de la cohabitation intime.

Les lumières se rallument. L'air de rien, chacun cherche ses chaussures de ville. Le temps des étreintes est terminé. Une voix *off* murmure : *« It's over »*. Mais la prochaine piste de bal est déjà dans toutes les têtes. Le tango est un vieux machin qui supporte les épreuves du temps. Ce n'est pas l'âge, ni la vieillesse, qui enrayera l'envie. Je me rappelle ces couples à la Galeria del tango. Proches du siècle, ils allaient presque titubant, se raccrochant l'un à l'autre, traînant dans de lentes circonvolutions. Les plaisirs, les virtuosités et les jouissances de la danse s'éparpillent dans mille directions. Mais de vinyles en mp3, il en est une qui creuse son sillon, indifférente aux cycles, aux modes et aux saisons. La danse tango ne connaît pas de limite d'âge et le tango ignore les rides, pourvu que les jeunes continuent à danser comme des jeunes, irrespectueux des codes et de son grand âge.

Marseille
Avril 2012

DANS LA MÊME COLLECTION

1. Anne-Laure Boch – L'EUPHORIE DES CIMES
Petites considérations sur la montagne et le dépassement de soi

2. Jean-Pierre Valentin – LE MURMURE DES DUNES
Petit éloge du désert et de ceux qui y vivent

3. Émeric Fisset – L'IVRESSE DE LA MARCHE
Petit manifeste en faveur du voyage à pied

4. Stéphan Carbonnaux – LE CANTIQUE DE L'OURS
Petit plaidoyer pour le frère sauvage de l'homme

5. Bertrand Buffon – LE GOÛT DE LA POLITESSE
Petit précis des bonnes manières à l'usage du vaste monde

6. Baptiste Roux – LA POÉSIE DU RAIL
Petite apologie du voyage en train

7. Anne Le Maître – LES BONHEURS DE L'AQUARELLE
Petite invitation à la peinture vagabonde

8. Arnaud Cousergue – L'ESPRIT DU GESTE
Petite sagesse des arts martiaux

9. Patrice de Ravel – LA CARESSE DE L'ONDE
Petites réflexions sur le voyage en canoë

10. Marie Chastel – LE SECRET DES PIERRES
Petite célébration du monde minéral

11. Philippe Nicolas – L'ENCHANTEMENT DE LA RIVIÈRE
Petit bréviaire de la pêche à la mouche

12. Sébastien Jallade – L'APPEL DE LA ROUTE
Petite mystique du voyageur en partance

13. Albéric d'Hardivilliers – L'ÉCRITURE DE L'AILLEURS
Petits propos sur la littérature nomade

14. Mélanie Delloye – **LE RYTHME DE L'ÂNE**
Petit hommage aux baudets, grisons et autres bourricots

15. Nicolas Weill-Parot – **LA MAGIE DES GRIMOIRES**
Petite flânerie dans le secret des bibliothèques

16. Françoise Sylvestre – **LE PARFUM DES ÎLES**
Petite rêverie sur les atolls et les archipels

17. Matthieu Raffard – **LA SOIF D'IMAGES**
Petites révélations sur la lumière et la photographie

18. Christophe Houdaille – **LE CHANT DES VOILES**
Petites pensées sur la navigation hauturière

19. Marc Alaux – **LA VERTU DES STEPPES**
Petite révérence à la vie nomade

20. Julien Leblay – **LE TAO DU VÉLO**
Petites méditations cyclopédiques

21. David Gille – **L'ÂME DE LA CHANSON**
Petite esthétique des refrains populaires

22. Marc Tardieu – **LA SÉRÉNITÉ DE L'ÉVEIL**
Petit parcours initiatique sur les chemins du bouddhisme

23. Baptiste Roux – **LES ARCANES DU MÉTRO**
Petite chronique de la vie souterraine

24. Laurence Bougault – **LA LIBERTÉ DU CENTAURE**
Petit traité sur le voyage à cheval

25. Bernard Delloye – **LA JOIE DU VOYAGE EN FAMILLE**
Petites digressions sur l'école buissonnière

26. Julie Boch – **LES SORTILÈGES DE L'OPÉRA**
Petit aparté sur l'art lyrique

DANS LA MÊME COLLECTION

27. Rémi Caritey – **LES VERTIGES DE LA FORÊT**
Petite déclaration d'amour aux mousses, aux fougères et aux arbres

28. Lodewijk Allaert – **L'INSTINCT DE LA GLISSE**
Petit hymne au surf, aux vagues et à la liberté

29. Frédérique Bardon – **LE CHARME DES MUSÉES**
Petite balade dans l'univers des arts et de la mémoire

30. Benoît Fontaine – **LA QUÊTE DU NATURALISTE**
Petites observations sur la beauté et la diversité du vivant

31. Stéphane Georis – **LE TRIOMPHE DU SALTIMBANQUE**
Petit essai sur les arts de la rue

32. Patrick Manoukian – **LE TEMPS DU VOYAGE**
Petite causerie sur la nonchalance et les vertus de l'étape

33. Pierrick Bourgault – **L'ÉCHO DES BISTROTS**
Petite confidence sur les cafés, pubs, tavernes et autres buvettes

34. Gabriel Conesa – **LA RELIGION DU JAZZ**
Petites improvisations sur la musique américaine ancienne

35. Christophe Apprill – **LES AUDACES DU TANGO**
Petites variations sur la danse et la sensualité

Couverture : Latin Stock Collection / Corbis
Collection : « Petite philosophie du voyage »
Conception graphique : Matthieu Raffard
Réalisation : Transboréal
ISSN : 1956-0664
ISBN : 978-2-36157-035-4
Dépôt légal : novembre 2012

TRANSBORÉAL
EST UNE MAISON D'ÉDITION
QUI VEUT PROMOUVOIR LE TRAVAIL D'AUTEURS,
D'ILLUSTRATEURS ET DE PHOTOGRAPHES
AYANT FAIT PREUVE D'ABNÉGATION ET DE COURAGE
LORS D'ÉTUDES OU DE VOYAGES AU LONG COURS
MARQUÉS PAR UNE RÉELLE CONNIVENCE
AVEC LE MILIEU HUMAIN OU
LE MONDE NATUREL

23, rue Berthollet – Paris (v^{e})
téléphone : 01 55 43 00 37
télécopie : 01 55 43 00 38
contact@transboreal.fr
www.transboreal.fr

ACHEVÉ D'IMPRIMER EN OCTOBRE 2012 SUR LES PRESSES
DE LA NOUVELLE IMPRIMERIE LABALLERY
À CLAMECY (58)
NUMÉRO D'IMPRESSION : 209025